町野仁英

まっちんのおやつ

みんなが好きな
にっぽんの甘味

WAVE出版

はじめまして、まっちんです。

ボクのお菓子屋デビューは20代半ば、
まだ田んぼで有機米栽培を学んでいたころで、
親しくしていた農家さんのもち米や豆を使って
まんじゅうや赤飯をこしらえたのがはじまりでした。
百戦錬磨のおばあちゃんたちが買ってくれて、
「うまいなぁ」といわれたときは、心底うれしくて。
米や豆は、世代を超えてごはんになりおやつにもなる、
なんて豊かな食べものなんやと思ったのです。

街の若い人にも、田舎のお年寄りにも。
大地の実りを、おやつにして食べてもらって
元気になってもらいたい。そう志して10年余。
「まっちん」という自分の愛称を屋号につけ、
友だちみたいに気軽にお茶の友にしてもらえる、
飽きのこない、日常菓子を作り続けてきました。

そして今回。はじめての本作りにあたっては、
仕事仲間や友人家族が、試作や試食の
小さなおやつ会に協力してくれました。
おやつ会のメンバーは、料理上手な主婦や
ごっつい手の男性、ちびっこたちもいて。
大きな手も小さな手も、一緒になって作りました。
「おやつっていい時間やなあ」と、毎回しみじみ。
そんな楽しみが、日常に無理なく増えるように、
「身近な材料で、だれでも、おいしく作れる」という
ひそかな野望をもってレシピの工夫に努めました。

その結果この本には、みんなが太鼓判を押してくれた
〝作りやすくておいしいレシピ〟だけが集まっています。

ベーシックなレシピばかりなので、何度か作って
作りなれてきたら、自分や家族の好みにしてって
みなさんの「うちのおやつ」にしていただけたら、
これほどうれしいことはありません。

この本のおやつの特徴

日本の豆や穀物を味わうおやつです

ふだんのごはん作りと同じことで、おやつの材料も、遠い国より身近な土地でとれたもののほうが安心です。小豆やもち米、粉などの豆や穀物は、ずいぶん昔から日本人が食べ続けてきた食材ですから、私たちの体が自然においしいと感じるものだと思います。

粗糖と米油を使っています

レシピの「さとう」は粗糖、「植物油」は米油を使っています。さとうも油も選ぶ基準は、主役になる豆や穀物の旨みをじゃませず、ひかえめに引き立ててくれるものです。粗糖（洗双糖）は、精製をしていないさとうで、雑味のない、やさしい甘みです。米油のよさについては、本文（P30）に詳しくあります。

バターや生クリームは使っていません

乳製品を使わない主義ではなく、今回も牛乳、卵も使っています。ごまくずプリンには、豆乳より牛乳のコクのほうがマッチするし、どら焼きのふわふわ生地は、卵のチカラあってこそですから。おやつによって「そのほうがおいしくなる」材料を優先しています。

いつもの道具で気楽に作れます

むずかしいレシピは一切ないので、ふだんの道具で十分です。たとえば茶こしがなければ、みそこしで代用するとか、ないものはある道具で、工夫を楽しんでください。いつもの道具ですから、準備やかたづけも大ごとになりません。「ごはんのついでに」くらいの気持ちで、気負わず作れます。

もくじ

3 あったまるおやつ　六〇

①

焼きおやつ

焼きおやつのテーマは〝思いたってすぐ作れるもの〟。
むずかしそうなどら焼きやもち菓子もホットプレートを
使って簡単に作れます。ちんすこうやスコーンだって、
1時間かからずにできあがります。

（定番おやつ）

どら焼き

混ぜて焼くだけの本格どら焼き。素材の持ち味を生かすため、材料はごくシンプル。

材料（直径約7cmサイズ　7個分）

㋑
薄力粉　80g
全粒粉　20g
ベーキングパウダー　3g

㋺
卵　1個
植物油　15g
さとう　50g
水　80mℓ

㋩
粒あん　好きな量

＊あんは自家製（P34）、市販品どちらでも

下準備

・㋑はあわせて、ざるでボウルにふるっておく。
・ホットプレートは焼く前に温めておく（フライパンを使う場合は中弱火で温めておく）。

1　ボウルに㋺を入れ、泡立て器でよく混ぜる（さとうをできるだけ溶かす）。㋑を加え、ダマがなくなるまで混ぜる。

2　180℃に温めたホットプレートに、油（分量外）をうすくひき、1の生地をスプーンで大さじ1杯分流し、円形に広げる《写真A》。プツプツ気泡が出てきたら《写真B》裏返し、軽く20秒ほど焼いて、クッキングシートにのせ、残りも焼く（2枚ずつ重ねておく）。

3　スプーンで好みの量の粒あんをのせて、生地ではさむ。
＊すぐ食べない場合は乾燥しないようにラップで包む。翌日には固くなるので、食べる前に再度温める。
＊日持ちは夏場で1日、冬場で2日間。冷凍保存できる。

A

B

まっちんアドバイス

全粒粉がなければ、薄力粉100gでも作れます。水80mℓを60mℓに減らした生地をお玉8分目量で焼くと、ふわふわホットケーキに！　ホットプレートやフライパンはフッ素樹脂加工のものを使うと、きれいな焼き色がつきます。

（アレンジどら焼き）

もちもちどら焼き

もっちり食感が魅力のどら焼き。小麦粉は使わず、もち粉100%で作ります。

材料（直径約7cmサイズ 6個分）

㋑ もち粉（または白玉粉） 100g

㋺ 卵 1個
さとう 50g
水 80mℓ

㋩ 粒あん 好きな量
＊あんは自家製（P34）、市販品どちらでも

下準備

・ホットプレートは焼く前に温めておく（フライパンを使う場合は中弱火で温めておく）。

1 ボウルに㋺を入れ、泡立て器でよく混ぜる（さとうをできるだけ溶かす）。㋑を加え、ダマがなくなるまでしっかり混ぜる《図あ》。

すくってみて
線になって
スッと消えるように
なったらOK
図あ

2 180℃に温めたホットプレートに、油（分量外）をうすくひき、1の生地をスプーンで大さじ1杯分流し、円形に広げる。表面が乾燥してきたら（P14参照）、一気に裏返し、軽く20秒程焼いてクッキングシートにのせ、残りも焼く（2枚ずつ重ねておく）。

3 スプーンで好みの量の粒あんをのっけて、生地ではさむ。縁のあわせ目を指で軽く押してくっつける。

＊すぐ食べない場合は乾燥しないようにラップで包む。固くなったら食べる前に再度温める。
＊日持ちは常温で当日中。冷凍保存できる。

まっちんアドバイス

「くるみあん」（P36）をはさむと、よりおいしい。もち粉は白玉粉でも代用できますが、溶けづらいので、完全にダマがなくなるまでよく混ぜましょう。ホットプレートやフライパンはフッ素樹脂加工のものを使うと、おいしい焼き色がつきます。

もちっとした生地にあんこがたっぷり。ついつい手がのびる味

（定番おやつ）

半月もち

丸めず作る大福風おやつ。あんこをのせて、たたんで完成！

材料

（直径約8cmサイズ　約6個分）

㋑ もち粉（または白玉粉）　70g

㋺ 薄力粉　30g
　 さとう　30g
　 水　120〜130mℓ

㋩ 粒あん　好きな量

＊あんは自家製（P34）、市販品どちらでも

下準備

・㋑はあわせて、ざるでボウルにふるっておく（白玉粉で作る場合は、軽く手で混ぜておく）。
・ホットプレートは焼く前に温めておく（フライパンを使う場合は中弱火で温めておく）。

1　ボウルに㋺を入れ、泡立て器で混ぜる（さとうをできるだけ溶かす）。㋑を加え、ダマがなくなるまでしっかり混ぜる（P12《図あ》参照）。

2　160℃に温めたホットプレートに、油（分量外）をうすくひき、お玉半分くらい生地をすくって円形に広げる《写真A》。表面が乾燥してきてたら《写真B》一気に裏返し、軽く20秒ほど焼いて、クッキングシートにのせ、残りの生地も焼く。

高い位置から落とすときれいな円形になる

A

3　焼けた生地の真ん中にスプーンで粒あんをのせて、生地を半分に折り、端をくっつける。
＊焼き色がきれいな面を外側にすると、仕上がりがきれい。
＊すぐ食べないときは表面が乾燥するのでラップをする。
＊日持ちは当日中。焼いた生地は冷凍保存できる。

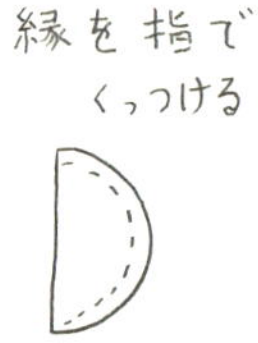

B

まっちんアドバイス

もち粉により、水分量を加減してください（P12《図あ》参照）。白玉粉で作る場合は、㋑に㋺（水は120mlに）を少しずつ加えて、ゴムべらでダマのないようにしっかり溶かしてください。

（アレンジもち）

よもぎ半月もち

（写真上）

よもぎ粉末は市販品でも自家製でも。春先に摘んで冷凍保存しておくと一年中使えます。

材料
（直径約8㎝サイズ　6個分）

㋑ もち粉（または白玉粉）70g
　薄力粉　30g
　よもぎ粉末　4g
㋺ さとう　30g
　水　130～140㎖
㋩ 粒あん　好きな量
　＊あんは自家製（P34）、市販品どちらでも

「半月もち」（P14）と同様に下準備をして作る。あんを「くるみあん」（P36）にしてもおいしい。白玉粉で作る場合は㋑に㋺（水を130㎖に）を少しずつ加えて、ゴムべらでダマのないようにしっかり溶かす。

ほうじ茶半月もち

（写真下）

抹茶味、ココア味。自由な発想があれば、バリエーションは無限です。

材料
（直径約8㎝サイズ　6個分）

㋑ もち粉（または白玉粉）70g
　薄力粉　30g
　ほうじ茶粉末　5g
㋺ さとう　30g
　水　130～140㎖
㋩ 粒あん　好きな量
　＊あんは自家製（P34）、市販品どちらでも

「半月もち」（P14）と同様に下準備をして作る。あんを「くるみあん」（P36）にしてもおいしい。白玉粉で作る場合は㋑に㋺（水を130㎖に）を少しずつ加えて、ゴムべらでダマのないようにしっかり溶かす。

きな粉もち （写真右上）

あんなしできな粉に「黒糖しょうがシロップ」（P45）をかけてもおいしい。

「半月もち」（P14）に、たっぷりときな粉をまぶし、茶こしできな粉をふるう。あんを「くるみあん」（P36）にするとよりおいしい。

柏もち （写真左上）

端午の節句の日に大切な家族と味わいたい、子どもがよろこぶおやつ。

「半月もち」（P14）を、柏の葉（水洗いし、水気をしっかり拭く）で包む。柏の葉の代わりに、椿や笹の葉などを添えても、おもてなしでよろこばれる。

桜もち （写真下）

「半月もち」の包み方を変えるだけ。桜の季節に味わう春の定番おやつ。

「半月もち」（P14）と同様にして皮を作る。粒あんを生地の端にのせ、くるくると巻き、仕上げに桜の葉（軽く洗って塩抜きし葉軸を切る。筋があるほうを外側にする）で包む。

（アレンジもち）

フルーツもち

「半月もち」をもちクレープ風にアレンジ。フルーツは旬のお好きなものを。

材料（作りやすい分量）

半月もちの生地（P14）　好きな量
ヨーグルトクリーム（P20）　好きな量
好みのフルーツ　好きな量
粒あん（または好みのあん）　好きな量
＊あんは自家製（P34）、市販品どちらでも

「半月もち」の生地を作り、生地の半分に、「ヨーグルトクリーム」（下記参照）、好みのフルーツ、粒あんを適量盛りつけ《写真Ａ》、生地を半分に折り、端を軽くくっつける。

＊「ヨーグルトクリーム」や粒あんがないときは、好みのフルーツにメープルシロップをかけるなどしても。さとうを入れずに生地を作り、きんぴらやひじき煮など余ったおかずを包んで、おやき風クレープにしてもおいしい。

A

ヨーグルトクリーム

ペーパータオルを敷いたざるをボウルにのせ、無糖ヨーグルト１パック（約400g）を入れる。一晩水を切り、水分が切れて約半量になったら《写真Ｂ》別のボウルに移す。好みの甘さのメープルシロップを加え、泡立て器でホイップする。

＊水切りのときに出た水分（乳清）は、栄養豊富で料理に使い回せる。どら焼きやスコーンなどの材料の水代わりに使っても◎。

B

（定番おやつ）

ちんすこう

ほろほろの歯ごたえはまさに、ちんすこう。
ラード・バター不使用で作ります。

材料
（ひと口サイズ　約20個分）

㋑
- 薄力粉　75g
- 全粒粉　75g

㋺
- さとう　60g
- 植物油　60g

下準備

- ㋑はあわせて、ざるでボウルにふるっておく。
- オーブンを180℃に温めておく。
- オーブンの天板にクッキングシートを敷く。

1 ボウルに㋺を入れ、泡立て器で混ぜる（さとうのザラザラが軽くなくなるまで）。㋑を加え、さらに混ぜる。

2 全体が混ざってきたら手でこね《写真Ａ》、生地をひとまとめにする。成形しやすいように棒状に手でのばしておく。１個分ずつ手でちぎって丸め《写真Ｂ》、好きな形にして《写真Ｃ》、天板に並べる。

3 180℃のオーブンで約20分焼く。
＊形が崩れやすいため、天板の上でしっかり粗熱をとる。

まっちんアドバイス

全粒粉がなければ、薄力粉150gでも作れます。その場合、植物油60gを55gに減らしてください。

A

B

C

手をグーにして握る形は子どもでも作れる

（アレンジちんすこう）

よもぎちんすこう

（写真上）

よもぎを加えると、風味豊かな和風ちんすこうのできあがり。

材料（ひと口サイズ 約20個分）

㋑
薄力粉 70g
全粒粉 70g
よもぎ粉末 8g

㋺
さとう 60g
植物油 60g

「ちんすこう」（P 22）と同様に下準備をして作る。よもぎの代わりに、抹茶やほうじ茶粉末、粉末のしょうがを使ってもＯＫ。

ごま塩ちんすこう

（写真下）

黒ごまがなければ白ごまに、ごまなしで「塩ちんすこう」にしても。

材料（ひと口サイズ 約20個分）

㋑
薄力粉 75g
全粒粉 75g

㋺
さとう 30g
植物油 60g
塩 2g
黒ごま 20g

「ちんすこう」（P 22）と同様に下準備をして作る。甘さをぐっとひかえたレシピなので、お酒のつまみにもなる。

（定番おやつ）

和スコーン

外はざくざく、中はふんわり。粉の味を楽しむ しみじみおいしいスコーンです。

材料（6個分）

㋑
- 薄力粉 75g
- 全粒粉 75g
- ベーキングパウダー 4g（小さじ1）

㋺
- さとう 30g
- 植物油 30g
- 水 50mℓ

下準備
- ㋑はあわせて、ざるでボウルにふるっておく。
- オーブンを180℃に温めておく。
- オーブンの天板にクッキングシートを敷く。

1 ボウルに㋺を入れ、泡立て器でよく混ぜる（さとうをできるだけ溶かす）。㋑を加え、ゴムべらでさっくり混ぜる（練ると焼きあがりが固くなるので、軽く混ぜる）《写真A》。

2 粉っぽさがやや残るくらいでひとまとめにする。6等分して、1個分ずつ指先で手早く形作って《写真B、図あ》、天板に並べる。

3 180℃のオーブンで約20分焼く。お好みで「ヨーグルトクリーム」（P20）やメープルシロップを添える。

まっちんアドバイス

ボクが作ると自然とおまんじゅう形になるので、和スコーンと名づけてみました。さっくり焼きあげるコツは、成形のとき生地を触りすぎないこと。生地の中に空気を含ませる感じでまとめてください。全粒粉がなければ、薄力粉150gでも作れます。その場合、水の分量を小さじ1減らしてください。
生地を混ぜたあと、お好みで、ひまわりの種適量を入れてもおいしい（左写真）。

A

B

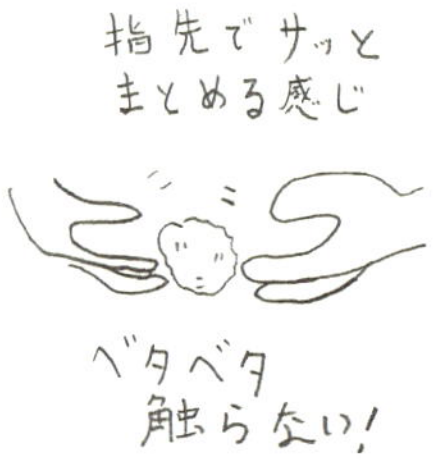
指先でサッと
まとめる感じ
ベタベタ
触らない!

図あ

（アレンジスコーン）

しょうがスコーン

（写真左）

しょうがのいい匂い、さくさくの香ばしさ。ぜひとも焼きたてを食べてほしい。

材料（6個分）

㋑
薄力粉 75g
全粒粉 75g
ベーキングパウダー 4g（小さじ1）

㋺
さとう 30g
植物油 30g
水 40㎖
しょうがの絞り汁 大さじ1と1／2

「和スコーン」（P26）と同様に下準備をして作る。成形後、ひまわりの種（分量外）をのせてもよい《写真A》。粗熱がとれたらお好みで「ヨーグルトクリーム」（P20）を添える。

A

よもぎくるみスコーン

（写真右）

よもぎの風味とくるみの食感が素朴な生地によくあって、みんなが「うま〜い」となります。

材料（6個分）

㋑
薄力粉 70g
全粒粉 70g
ベーキングパウダー 4g（小さじ1）
よもぎ粉末 10g

㋺
さとう 30g
植物油 30g
水 60㎖

㋩
くるみ 40g

「和スコーン」（P26）と同様に下準備して作る。生地作りで㋺に㋑を混ぜたあと、粗く刻んだくるみを均等に混ぜ込み、同様に作る。粗熱がとれたらお好みで「ヨーグルトクリーム」（P20）を添える。

（コラム①）

お米の油と和の粉

まっちんのおやつの定番材料、お米の油と和の粉。米油は、植物油のなかでもなじみが薄いものですが、もともと日本の食生活から生まれた自然素材。クセがないので使い勝手がよく、体にしっくりきます。

【米油】

米油は、なたね油やごま油と同じく昔ながらの日本の家庭用油です。油独特のコクや匂いがないので、お菓子作りの際は、素材のもち味をじゃますることなく、おいしさを引き立ててくれる油です。

米油の原料は玄米のぬか。酸化しにくいのも特徴で、こだわりのおそば屋さんやトンカツ屋さんでは、揚げものに米油を使う店も多いそうです。

お米で育ってきた日本人として、なにより親しみやすく、安心して使えることも、米油が好きな大きな理由のひとつです。人気復活のきざしがあるようで、スーパーに並んでいるところもあります。見つからないときは、自然食品店やネットなどで探してみてください。

【もち粉】

お米系の粉には、「うるち米の粉」（米粉、上新粉など）と、「もち米の粉」（もち粉、白玉粉など）があります。もち粉は、もち米を洗って乾燥させて製粉したもの。サラサラの粉は、水に溶かして砂糖を入れてこねるだけで、すぐおもちが作れるすぐれものです。よく使われるのは大福風のもち菓子で、この本では「半月もち」（P14）に使っています。ピザ生地や唐揚げの衣などに使うと、料理にもっちり感をプラスしてくれます。

【白玉粉】

白玉粉はもち粉の仲間ですが、製法が違っています。もち米を水洗いして、水挽き（水を加えながら挽く）して乾燥させたもの。粒状に見えますが、じつはかなり繊細な粉。ですから口あたりのまろやかな「豆腐白玉だんご」（P46）が作れます。もち粉に比べると白玉粉は水に溶けづらいので、ダマが残らないように気をつけてください。

【わらびもち粉】

「わらびもち」（P56）作りの材料。ワラビの根っこのでんぷんが原料で、「本わらびもち粉」という名前で売られています。現在はワラビの根の入手が困難なことから、一般には芋でんぷん（甘藷でんぷん）が原料の「わらびもち粉」がふつうになっています。「本」の特徴は、粉の色が灰色がかった白で、水に溶かして練ると、より濃いグレーに色が変化すること（ふつうのは、粉も白く、水に溶かしても白いまま）。粘りのむっちり感と風味の豊かさがあります。「本」はお値段がはるし、ふつうのものでも質のよい粉を使えば十分おいしい。ここぞという日に「本」で作ってみる、と使い分けるのも一案です。ふつうの「わらびもち粉」は、製造元によって品質にばらつきがあるので、信頼できる材料屋さんで購入すると安心です。

【くず粉】

水に溶かして固めたり、とろみをつけたりする素材です。この本では、「くずプリン」（P48）や、「くずゼリー」（P52）に使っています。クズという植物の根っこからとったでんぷんを原料にした粉ですが、100％クズの「本くず粉」に対し、ほかの植物のでんぷんを混ぜた商品も多数あります。質の良い「本くず粉」は、やわらかなとろみ、ふくよかな風味をもっています。「本くず粉」のほとんどは、奈良県の吉野葛や福岡県の筑前葛など産地が記載されています。おやつの予算内で、品質のよいものを選んでください。

米油や和の粉の入手情報は☞P92

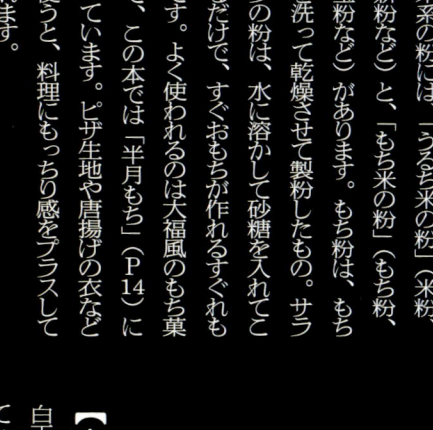

粒あん

あんこ作りを独学していたころ、
たくさんの本をみて、たくさん試しました。
でもあるときから本をみるより
「もっと豆をみないといかん」と思ったのです。
手で触ってみたり匂いをかいだり
豆が変化していく様子を感じて
そのつど水や火の加減を変えます。
豆は煮るたび、毎回違う。
「きょうの豆はどんなんやろ?」
豆の声をききながら、豊かで愉快な時間を
味わってもらえればうれしいです。

あんこ作りの前に

◎豆ごとに違います

小豆は、お米や野菜と同じく、育った環境やとれた場所でまったく性質が異なってきます。九州産と北海道産の小豆では、炊きあがり時間が倍違ってくることもあるくらい。レシピに書かれた時間は、あくまで平均的なもので、目安程度と思ってください。

⊙新しい豆と古い豆

小豆や黒豆などは、秋から晩秋にかけて新ものが出回ります。新豆は早く炊けて、煮汁もあざやかな紫色。その新豆も、翌夏をこえると徐々に煮えにくくなります。1年を過ぎた古い小豆を「ひね」といいます。ひねの豆は、固く煮えにくくアクが出やすいですが、しっかり煮ればそれなりにおいしくできます。

◉前日からの水つけはしません

前日から豆を水につけおくと炊き時間は短くなりますが、小豆のうま味が水に出てしまって、もったいない。つけ時間不要なので、「よし、作ろう！」と思いたった日に、すぐはじめられます。

●シブ（アク）のこと

豆をゆでたときに浮かんでくる油や渋味を「シブ」といいます。小豆を煮るときに出るシブは、素材のエキスで、そこには風味、うま味も含まれています。シブを除こうと煮汁を捨てきると、豆の風味の少ないあんこになります。煮汁を残しすぎると、やぼったい味になる。煮汁を豆がひたひたにかぶるくらいに残して煮ることが、おいしく仕上げるコツです。

○甘さの加減

甘さを自分好みにできるのも自家製ならでは。まっちんのあんこは、さとうの量は小豆の重量の75％。「甘さひかえめで、豆の味がする」あんこです。ものたりない方は、さとうを増やしてください。甘さを引きたい方は、小豆の重量の半分量、50％までならさとうを減らしてよいと思います。さとうは減らしすぎると、炊きあがった豆にツヤがなくなってしまうし、少なすぎると日持ちしなくなるのでご注意を。

（定番あんこ）

粒あん

「簡単ですごくおいしい！」といわれる自慢の絶品あんこ。小豆の風味を生かして作ります。

おいしさのコツ

その１　煮汁の残す量を加減する。

その２　蒸らし時間を活用する。

その３　豆の芯まで煮てさとうを加える。

材料（作りやすい分量）

㋑小豆　300g

㋺さとう　225g

＊さとうは小豆の重量の75％量が目安

下準備

・小豆はやさしく水洗いして、ざるにあげる。

・鍋に小豆を入れ、たっぷりの水（分量外）を加える。

1　小豆の鍋を強火にかける。沸騰したら中火にして約10分煮て、火を止める。

2　ふたをして、30～40分蒸らす。小豆を１粒手にとり、豆皮がしっかり膨らんだら《図あ》、蒸らし終わり。煮汁を軽く捨て、豆がヒタヒタにかぶるくらいの量にする《図い》。

図あ

豆がパーンと張っていたらOK

図い

豆がヒタヒタにかぶるくらい煮汁を残す

3
豆の約3㎝上まで水を加え、ふたをしないで中火にかける。沸騰したら豆が少し踊るくらいの弱火に落とし《写真A》、30～40分煮る。湯から豆が顔を出したら差し水をし、アクがひどければ除き、ことこと煮を保つ。

4
豆が指で軽くつぶれる状態になったら、火を止め、ふたをして、約40分蒸らす（煮汁が少ない場合は少量の水を足して蒸らす）。
蒸らし終わったら、2と同様に煮汁を軽く捨てる《写真B》。

5
さとうの半分を鍋に入れ《写真C》、中弱火にかける。さとうが溶けたら残り半分も加え、ことこと煮る。

6
水分が減ってきたら弱火にして、豆を崩さないようにやさしく練る。
木べらですくって、なめらかに落ちる状態になったら《写真D》、火を止める（ややゆるめに仕上げておくと、冷める段階で豆が煮汁を吸ってちょうどよくなる）。
バットに移し広げ、粗熱をとる。表面が乾かないようにラップをして冷蔵庫で冷やす。

＊日持ちは冷蔵で3日間。冷凍保存できる。

まっちんアドバイス

材料は小豆とさとうだけ。作り方もいたってシンプルで、初めての人でもおいしく仕上がります。豆によって煮え方が違うので、ひと粒つまんで、やわらかさを確認してから、さとうを入れると失敗しません。ゆで時間はかかりますが、ポイントさえ押さえれば、ほかの家事をしながら簡単に作れます。

A

B

C

D

（アレンジあんこ）

ごまあん

（写真右）

ボウルに粒あんと練り黒ごまを5：1の割合で入れ、ゴムべらで均等に混ぜあわせる（例：粒あん200g、練り黒ごま40g）。

くるみあん

（写真左）

ボウルに粒あんと炒って粗く刻んだくるみを5：1の割合で入れ、ゴムべらで均等に混ぜあわせる（例：粒あん200g、くるみ40g）。

たっぷりの粒あんができたら、ぜひアレンジあんこを作ってみてください。粒あんと好相性の、くるみ、黒ごまを混ぜあわせると、味が広がりとてもおいしいです。そのまま食べてもよし、どら焼き、おもち、おはぎ、ぜんざい、アイスと使い道が多く、おやつの幅が広がります。

気軽なあんこの食べ方

まっちんアドバイス

和でも洋でもお好みの食べ方でご自由にどうぞ。

あんこパフェ（写真上）

なつかしい純喫茶風のパフェも、具材をのせるだけで完成！　ポップコーンを土台に、バニラアイス、あんこ、バナナなどフルーツを好きなだけ盛りあわせましょう。

あんこトースト（写真下）

カリッと焼いたトーストにバターを薄く塗り、上にのせるあんこの量はお好みで。さらにきな粉をかけたり、あんこフレンチトーストもイケるという人もいます。

（万能アイテム）

つぶつぶきな粉

手作りならではの香ばしさと粗めのつぶつぶ感が格別のおいしさ。

材料

（作りやすい分量）

大豆（または黒豆）　100g

*好みの量でもOK

1 フライパンで大豆を転がしながら、弱火でから炒りし《写真A》、きつね色になったら火を止める。

2 粗熱がとれたら、豆をフードミルで粉状にする。ざるでボウルにふるい、ざるに残った粗い粒をすり鉢でつぶす《写真B》。ビンや密封できる袋で保存する。

まっちんアドバイス

多少焦げても大丈夫！　風味よく香ばしく仕上がります。作っておくと、おはぎやもち菓子、焼き菓子など、さまざまなおやつに使えます。

炒りながら豆皮をよく見て、こんがり焼き色がついたらOK

A

フードミルがないときは、すり鉢で少量ずつ根気よくつぶす

B

大豆から作る簡単きな粉。ふくよかな風味は驚きです。

② 冷んやりおやつ

しゃりしゃり、ぷるるん、もっちり。かき氷にプリン、くずよせ、わらびもち。
口あたりの心地よいおやつが勢ぞろいです。
暑い日はもちろん、冬の暖かな部屋でのデザートにも。
どれも後味がさっぱりしているのでお酒のあとの〆デザートにも、ぴったりです。
油分なしのレシピなので、「カロリーひかえめ」「洗いものがラク」と評判です。

ちびかき氷

（簡単おやつ）

甘い氷、さっぱり氷、ひと口サイズで何通りにも。器は冷蔵庫でしっかり冷やしておきましょう。

フルーツ氷
（写真右奥）

「豆腐白玉だんご」（Ｐ46）を器の底に敷き、かき氷を盛る。「フルーツシロップ」（Ｐ44）を回しかける。

黒糖しょうが氷
（写真左奥）

「豆腐白玉だんご」（Ｐ46）を器の下に敷き、かき氷を入れ、「黒糖しょうがシロップ」（Ｐ45）を回しかける。きな粉をかけてもおいしい。

レモン氷
（写真右前）

「豆腐白玉だんご」（Ｐ46）を器の底に敷き、かき氷を盛る。「レモンシロップ」（Ｐ44）を回しかける。

ミルク金時氷
（写真左前）

「豆腐白玉だんご」（Ｐ46）を器の底に敷き、かき氷を盛る。「粒あん」（Ｐ34・または市販のもの）をのせ、「練乳シロップ」（Ｐ45）をかける。

（万能アイテム）

おやつシロップ

かき氷や白玉だんご、ホットケーキにも。
レパートリーがぐんと広がります。

フルーツシロップ（写真A）

材料（作りやすい分量）

旬のフルーツ（今回は柿を使用）　適量
さとう　フルーツの重量の30％量
レモンの絞り汁　少々
水　適量

1 フルーツを粗めにカットする。フルーツの重さを量り、さとうを用意。フルーツにさとうをかけて30分おく。

2 鍋に1を入れて中火にかけ、木べらで果肉をつぶしながら混ぜ、アクが出たら除く。

3 好みの固さまで水を足して少し煮て、レモン汁を加えて、火を止める（最後にフードプロセッサーかミキサーにかけるとよりなめらかに仕上がる）。

ほうじ茶シロップ（写真B）

材料（作りやすい分量）

ほうじ茶粉末　5g
さとう　150g
湯　100mℓ

1 鍋にほうじ茶粉末と湯を入れて溶かす。さとうを加えて中火にかけ、へらで混ぜてしっかり溶かす。

2 沸騰したら弱火に落とし、約1分混ぜて、火を止める。

3 粗熱がとれたら茶こしでこして別の容器に入れ、冷蔵庫で冷やす。

レモンシロップ（写真C）

材料（作りやすい分量）

はちみつ　20g
レモンの絞り汁　大さじ1
さとう　40g
水　50mℓ

1 鍋にすべての材料を入れて中火にかけ、泡立て器でかき混ぜてしっかり溶かす。

2 沸騰したら弱火に落とし、約1分混ぜ、火を止める。

3 粗熱がとれたら茶こしでこして別の容器に入れ、冷蔵庫で冷やす。

練乳シロップ（写真D）

材料（作りやすい分量）

牛乳（または豆乳）　100ml
くず粉　3g
さとう　30g

1 ボウルに牛乳とくず粉を入れてダマを溶かし、鍋に茶こしでこしながら入れる。さとうを加えて中火にかけ、へらで混ぜてしっかり溶かす。

2 沸騰したら弱火に落とし、約1分混ぜ、火を止める。

3 混ぜながら粗熱をとり、茶こしでこして別の容器に入れ、冷蔵庫で冷やす。

黒糖しょうがシロップ（写真E）

材料（作りやすい分量）

黒糖　150g
しょうがの絞り汁　大さじ1と1/2
水　100ml

1 鍋にすべての材料を入れて中火にかけ、へらで混ぜてしっかり溶かす（黒糖はざるでふるって加え、ダマが残ったら手でつぶしてこす）。

2 沸騰したら弱火に落とし、約1分混ぜ、火を止める。

3 粗熱がとれたら茶こしでこして別の容器に入れ、冷蔵庫で冷やす。

まっちんアドバイス

おやつシロップの保存は冷蔵庫で、「練乳シロップ」は2日間、「フルーツシロップ」「レモンシロップ」は約2週間、ほかは約1カ月が目安。「フルーツシロップ」「レモンシロップ」「黒糖しょうがシロップ」は、シロップ大さじ1にお湯や炭酸水100mlを混ぜると自家製ジュースになります。

（定番おやつ）

豆腐白玉だんご

10分でできるスピードおやつ。豆腐入りのやさしい食べ心地も人気です。

材料

（2人分）

白玉粉　50g

絹ごし豆腐　60〜65g

1 ボウルに白玉粉、絹ごし豆腐を入れ、耳たぶくらいのやわらかさになるまでよくこね《写真A》、10〜12等分してひと口サイズに丸める。

＊豆腐によって水分量が違うので、固い場合は豆腐を足し、やわらかい場合は粉を足して調整する。

2 たっぷりの水（分量外）を鍋に入れ、沸騰したら1を加えてゆで、表面に浮かんできたら、さらに約1分ゆでてざるにとり、冷水につける。しっかり冷やしたら水切りして器に盛り、粒あんや好みのおやつシロップ（P44）をかける。

まっちんアドバイス

なめらかな食感で固くなりにくい。「ちびかき氷」（P42）、ぜんざい（P84・86）と組みあわせたり、きな粉をまぶしたり、年中無休のおやつアイテムです。

A

（簡単おやつ）

ミルクあんこグラニテ

半分凍らせて、フォークでガリガリかくだけ。ラム酒を少し加えるとおしゃれな味に。

材料（4人分）

㋑ 牛乳（または豆乳） 200㎖

無糖ヨーグルト 100g

さとう 40g

㋺ 粒あん 好きな量

＊あんは自家製（P34）、市販品どちらでも

A

1 鍋に㋑を入れて中火にかけ、泡立て器でよくかき混ぜる。沸騰したら弱火に落とし、さらに約1分混ぜながら加熱して、火を止める。

2 粗熱がとれたらバットに移し、冷凍庫で1時間ほど冷やす。固まりかけたらフォークでざくざく混ぜる《写真A》。30分おきに2回ほど混ぜて、粒氷になるように固める。皿に盛り、粒あんを添える。好みのおやつシロップ（P44）やフルーツを添えてもおいしい。

（定番おやつ）

くずプリン

卵も生クリームも使わない、とろけるプリン。なんとも品よく、なめらかに仕上がります。

材料（5人分）

㋑ 豆乳　500㎖
　粉寒天　1g（小さじ1／2）

㋺ くず粉　18g
　水　100㎖

㋩ さとう　60g

下準備

・小ボウルに㋺を入れ、しっかり溶かしておく。
・水をはった大きめのボウルを用意する。

1　鍋に㋑を入れ、㋺を茶こしでこして《写真A》加え、茶こしに残ったダマもつぶして、溶かし入れる。

2　鍋を中火にかけて、へらで均等にかき混ぜる。鍋端から沸騰してきたら弱火に落とし、さらに約2分混ぜながら加熱する（粉っぽさがなくなり、なめらかさが増す）。

3　さとうを加え、ザラザラがなくなるまで煮溶かしたら火を止める。別の鍋にざるでこして入れ、口あたりをなめらかにする。

4　水をはったボウルに3の鍋底をつけ、混ぜながら粗熱をとる《写真B》。お玉ですくって容器に入れ、冷蔵庫で2時間以上冷やし固める。食べる前にお好みで「黒糖しょうがシロップ」（P45）をかける。きな粉・粒あんを添えても合う。

まっちんアドバイス

まっちん不動の人気のプリンも、簡単に作れます。冷蔵庫に入れても固くならない絶妙な配合のレシピです。こっくりした味が好みの方は豆乳を牛乳に代えて作っても。

茶こしがなければ目の細いざるでも

A

膜がはりやすいので手早く均等に混ぜる

B

（アレンジプリン）

ほうじ茶くずプリン

（写真上）

ほうじ茶と牛乳の組み合わせで、キャラメルみたいな香ばしい味に。

材料（5人分）

㋑
牛乳（豆乳）　500㎖
粉寒天　1g（小さじ1／2）

㋺
ほうじ茶粉末　10g
湯　100㎖
くず粉　18g

㋩
さとう　60g

下準備

・小ボウルに㋺のほうじ茶粉末とお湯を入れ、泡立て器で混ぜ溶かす。冷めたらくず粉を加えて、ダマを溶かしておく。
・水をはった大きめのボウルを用意する。

「くずプリン」（P48）と同様にして作る。食べる前に、好みで「ほうじ茶シロップ」（P44）をかける。

＊下準備で、お湯でとほうじ茶をしっかり混ぜ、冷めてからくず粉を溶くと失敗しない。

ごまくずプリン

（写真下）

ごまの濃厚な味と和風プリンは相性◎。食後に人気のデザートです。

材料（5人分）

㋑
牛乳（豆乳）　500㎖
粉寒天　1g（小さじ1／2）
練り黒ごま　30g

㋺
くず粉　18g
水　100㎖

㋩
さとう　60g

下準備

・小ボウルに㋺を入れ、ダマを溶かしておく。
・水をはった大きめのボウルを用意する。

「くずプリン」（P48）と同様にして作る。お好みですりごまやきな粉をのせてもおいしい。

＊練り黒ごまは泡立て器でしっかり牛乳・粉寒天と混ぜてから火にかける。

まっちんアドバイス

豆乳は無調整のもの、牛乳は低温殺菌のものを選ぶと、おいしく作れます。

（定番おやつ）

抹茶くずゼリー（写真右）

ゼラチンを使わずに、くずで冷やし固める純和風ゼリー。早めにお召しあがりを。

材料（4人分）

㋑くず粉　30g
抹茶　5g
湯　400mℓ
㋺さとう　50g
㋩粒あん　好きな量
＊あんは自家製（P34）、市販品どちらでも

下準備

・ボウルに㋑の抹茶と湯を入れ、泡立て器で混ぜ溶かす。冷めたらくず粉を加えて、ダマを溶かしておく。

1 鍋に㋑を茶こしでこしながら入れ、さとうを加える。中火にかけ、へらで練り混ぜる。とろみが出てきたら弱火に落とし、約2分手早く練りながら加熱して、火を止める。

2 混ぜながら粗熱をとり、容器に入れ、冷蔵庫で1時間以上冷やし固める。食べる前に、粒あんを添えて。好みでおやつシロップ（P44）をかけても。

＊冷蔵庫で冷やしすぎると食感が悪くなるので、早めに食べて。

しょうがはちみつくずゼリー（写真左）

さわやかな風味で男性にも人気。レモンソースがよく合います。

材料（4人分）

㋑はちみつ　30g
さとう　30g
しょうがの絞り汁　大さじ2
㋺くず粉　30g
水　400mℓ

下準備

・ボウルに㋺を入れ、ダマを溶かしておく。

鍋に㋺を茶こしでこしながら入れ、㋑を加える。「抹茶くずゼリー」（右）の作り方と同様にして作る。食べる前に、好みで「レモンシロップ」（P44）をかけ、あればハーブの葉を添えて。

＊冷蔵庫で冷やしすぎると食感が悪くなるので、早めに食べて。

のどごしつるっと、甘さひかえめ。大人好みの和風ゼリーです。

わらびもち

くるみわらびもち

（定番おやつ）

わらびもち

まっちんの「看板おやつ」！
家庭で作れるように簡単にアレンジしました。

材料（3人分）

㋑ わらび粉 40g
水 100mℓ

㋺ さとう 40g
水 100mℓ

㋩ きな粉 適量

下準備

・ボウルに㋑を入れ、泡立て器で混ぜてダマを溶かしておく。
・バットにきな粉をふるっておく。
・水をはったボウルを用意する（手水と道具のつけ水に便利）。

1 鍋に下準備した㋑をざるでこしながら入れ、㋺を加えて軽く混ぜあわせ、中火にかける。

2 鍋底をこするように、木べらでゆっくり混ぜる。とろみが出てきたら弱火にして《写真A》、さらに練る（練るほどに粘りが出て、なめらかになる）。全体が透明になって、粘りが出て、へらで引っ張るとびよーんとのびるようになってきたらOK《写真B》。

3 全体をまとめ、火を止めて、きな粉のバットに移す《写真C》。粗熱が少しとれたら、もち生地を両手で持って《写真D》2つ折りにする《写真E》（指先をさっと水に濡らしてきな粉をつけておくと、生地を扱いやすい）。

4 完全に粗熱がとれたら、きな粉をたっぷりまぶす。包丁やカードで好みの大きさにカットする《写真F》（包丁やカードをさっと水に濡らしてきな粉をつけておくと切りやすい）。

5 もち生地同士がくっつかないように、ひと切れずつ、きな粉をまぶす《写真G》。軽く冷やして、食べる直前に茶こしできな粉をふんわりかける。

＊日持ちは常温で当日中。

くるみわらびもち

わらびもちにくるみを入れたのは好奇心から。
相性はバッチリでした！

材料
（3人分）

㋑ わらび粉 40g
水 100㎖
㋺ さとう 40g
水 100㎖
㋩ くるみ 30g
㊁ きな粉 適量

「わらびもち」（P56）と同様に下準備をして作る。生地を練り終えたら、炒って細かく刻んだくるみを加え《写真H》、均等に混ぜ、同様に作る。

H

A

B

C

D

E

F 押しつけるようにカットする

G

まっちんアドバイス

わらびもちを作り続けて10数年。できた手のひらのマメが今でもしっかり残ってます。わらびもち作りは、シンプルですが奥が深い。おいしく作るには、固まりはじめたら、しっかりとよく練ること。手間をかけて練った分だけ、おいしさにつながります。

〈コラム②〉

おやつに合う飲みもの

手作りのおやつが
さあ、お茶をいれ
カフェをいと
おやつに合

おいしいお茶で一服

レモングラス緑茶

水出し緑茶と熱湯でいれたレモングラスを1：1で。冷蔵庫で冷やしてアイスがおすすめ。

ラムミルクティー

アッサムなどくせのない紅茶を牛乳で鍋に煮出したミルクティーに、スプーン1杯のラム酒を入れて。

ごぼう茶

国産ごぼうを使ったごぼう茶。飲んだあとのごぼうチップは、みそ汁やスープに入れても。

③

あったまるおやつ

「小《こ》昼《ひる》」——おやつをそう呼ぶ地方があると聞いてなるほどなあと思いました。

おやつは間食。食事と食事のあいだの、補食の役割もあります。

おいしくて栄養にもなるおやつを大切な人のために作ってあげたい。

そんなときは昔から食べ継がれてきた〝お母さんのおやつ〟の出番です。

蒸しパン、おこわ、おはぎ、ぜんざい。やさしく作れて、食べやすくアレンジをしてみました。

からだの芯からほっこりあったためてくれるおやつです。

（定番おやつ）

カップケーキ

蒸してよし、焼いてよし。卵なしでもふわふわの生地がおいしいです！

材料（直径7cmのプリン型5個分）

㋑
- 薄力粉　80g
- 全粒粉　20g
- ベーキングパウダー　3g（小さじ1弱）

㋺
- さとう　40g
- 植物油　15g
- 水　100mℓ

下準備

・㋑はあわせて、ざるでボウルにふるっておく。
・型（耐熱性の容器でもよい）に紙カップを敷く。

1 ボウルに㋺を入れ、泡立て器で混ぜる。㋑を加え、ダマがなくなるまでよく混ぜ、型に生地を7分目まで入れる《写真A》。

2 《蒸す場合》　水を入れ火にかけて温めた蒸し器に1を並べ、ふきんをかませたふたをして《写真B》、中火で約15分蒸す（竹ぐしで真ん中をさして、生地がつかなければOK）。蒸しあがったら型から出す。
《焼く場合》　170℃のオーブンで約 20分焼く（竹ぐしで真ん中をさして、生地がつかなければOK）。焼きあがったら型から出す。

まっちんアドバイス

全粒粉がなければ薄力粉100gでも作れます。アツアツがおいしく、冷めて固くなったら温めましょう。蒸すと蒸しパン、蒸しまんじゅう。焼くとマフィンに。パンが大好きで、「パンのような和菓子を」と考えたレシピです。野菜も一緒に蒸せば朝ごはんにもおすすめ。

（蒸しケーキを作るときの注意）

途中で蒸し器の水がなくならないようにしてください。すぐ食べないときは、粗熱がとれたらラップをし、冷めて固くなったら蒸し直すか、炊飯器に入れて温めましょう。

お好みでひまわりの種や黒ごまをのせてもよい

A

B

（アレンジケーキ）

あんこカップケーキ

（写真奥）

蒸すと和菓子の定番「まんじゅう」に、焼くと「あんこマフィン」になります。

材料（直径7㎝のプリン型　5個分）

㋑
薄力粉　80g
全粒粉　20g
ベーキングパウダー　3g（小さじ1弱）

㋺
さとう　40g
植物油　15g
水　100㎖

㋩
粒あん　適量
＊あんは自家製（P34）、市販品どちらでも

「カップケーキ」（P62）と同様に下準備をして作る。型の半分まで生地を入れたら、粒あんをスプーン1杯分のせ《写真A》、その上に生地を8分目まで足し、あとは同様に作る。蒸しても焼いてもOK。

＊あんこは生地の中心にゆっくりのせるのがポイント。

よもぎカップケーキ

（写真前）

よもぎがなければ、抹茶やココア。いろんな粉でアレンジできます。

材料（直径7㎝のプリン型　5個分）

㋑
薄力粉　80g
全粒粉　20g
ベーキングパウダー　3g（小さじ1弱）
よもぎ粉末　4g

㋺
さとう　40g
植物油　15g
水　110㎖

「カップケーキ」（P62）と同様に下準備をして作る。あんこを入れる場合は、「あんこカップケーキ」（右）と同じ要領で作る。蒸しても焼いてもOK。お好みでジャムを入れてもおいしい。

A

（定番おやつ）

さつま芋ケーキ

卵、生クリーム不使用。シンプル材料で作る芋の旨みたっぷりの〝畑のケーキ〟。

材料

（直径15cmの丸型 1台分）

㋑
- 薄力粉 120g
- 全粒粉 30g
- ベーキングパウダー 4g（小さじ1）

㋺
- さとう 60g
- 植物油 20g
- 水 150㎖

㋩
- さつま芋 100g

下準備

- ㋑はあわせて、ざるでボウルにふるっておく。
- 型の内側にうすく油（分量外）を塗っておく。
- さつま芋は洗って皮つきのまま1cm角に切り、ざるで水気を切っておく。

1 ボウルに㋺を入れ、泡立て器で混ぜ、㋑を加え、ダマがなくなるまでよく混ぜる。さつま芋も入れ、均等に混ぜ《写真A》、型に流す。

2 《蒸す場合》 水を入れ、火にかけて温めた蒸し器に1を入れ、ふきんをかませたふたをして、中火で約20～25分蒸す（竹ぐしで真ん中をさして、生地がつかなければOK）。まな板の上などにひっくり返し、型から出す。

《焼く場合》 180℃のオーブンで、約30～35分焼く（竹ぐしで真ん中をさして、生地がつかなければOK）。焼きあがったら型から出す（左写真）。

A

まっちんアドバイス

全粒粉がなければ薄力粉150gでも作れます。パウンド型でもOK。蒸せば生地はふんわり、芋はしっとり。オーブンで焼けば外はカリッ、芋はほっくり。甘みが足りない芋でも旨みが生かされます。リンゴ煮を加えるとさらにおいしい。

（定番おやつ）

きな粉くるみケーキ

きな粉の風味が生地にしっかりとなじみ、くるみの食感があとをひく香ばしさです。

材料（直径15cmの丸型　1台分）

㋑
- 薄力粉　100g
- 全粒粉　20g
- きな粉　30g
- ベーキングパウダー　4g（小さじ1）

㋺
- さとう　60g
- 植物油　20g
- 水　150mℓ

㋩
- くるみ　40g

下準備
- ㋑はあわせて、ざるでボウルにふるっておく。
- 型の内側にうすく油（分量外）を塗っておく。
- くるみはフライパンやトースターでから炒りして、小さく刻む。

1 ボウルに㋺を入れ、泡立て器で混ぜ、㋑を加え、ダマのないようによく混ぜる。くるみを入れ、均等に混ぜ、型に生地を入れる。

2 《蒸す場合》　水を入れ火にかけて温めた蒸し器に1を並べ、ふきんをかませたふたをして、中火で約20～25分蒸す（竹ぐしで真ん中をさして、生地がつかなければOK）。まな板の上などにひっくり返し、型底を叩いて型から出す（左写真）。

《焼く場合》　180℃のオーブンで、約30～35分焼く（竹ぐしで真ん中をさして、生地がつかなければOK）《写真A》。焼きあがったら型から出す。

A

まっちんアドバイス

自家製「つぶつぶきな粉」（P38）を使うと一段とおいしい。きな粉の代わりに、抹茶やココアなどでも応用できます（小麦粉140g＋お好みの粉末10g）。くるみの代わりに黒ごまを入れると、きな粉ごまケーキに。焼くとよりケーキ感が出ます。

（ごはんおやつ）

豆穀おこわ

彩りよく冷めてもおいしいので祝い事や行楽にぴったり。豆の味をしみじみ味わう、簡単おこわ（赤飯）です。

材料（約5人分）

㋑ もち米（または白米）270g
黒米（または雑穀ミックス）30g

㋺ 小豆 30g
黒豆（または大豆）30g

㋩ 水 210ml
塩 ひとつまみ

下準備

・㋑は水洗いしてボウルに入れ、たっぷりの水（分量外）に半日つけておく《写真A》（夏場は冷蔵庫に入れる）。

・㋺は水洗いしてボウルに入れ、たっぷりの沸騰した熱湯（分量外・豆の5倍量が目安）を注ぎ、ふたをして半日つけおく（豆皮がパーンと膨らんだらOK）。

1 下準備をした㋑をざるにあげて水切りし、炊飯器に入れ、㋩の水と塩を加える。下準備をした㋺も同様に水切りして加え、豆を平らにならす。

2 白米モードで炊く。炊きあがったら豆をつぶさないように、しゃもじで大きく底から返してごはんをほぐす。

まっちんアドバイス

豆の食感はやわらかすぎず固すぎず、ナッツのような食感です。もち米が出ないくらいのヒタヒタの水加減で炊くと、べちゃべちゃになりません。材料を半量にしても作れます。
白米で炊く場合は、水加減を白米の2合目盛りにあわせる。

A

小むすびにして。花見や外出のおやつに持参

（ごはんおやつ）

栗赤飯

ほくほくした甘い栗が食欲をそそる秋の味。白米や雑穀米で作れば栗ご飯に。

材料（約5人分）

㋑ もち米（または白米） 270g
黒米（または雑穀ミックス） 30g

㋺ 小豆 50g
栗（Mサイズ） 10〜12粒

㋩ 水 210㎖
塩 ひとつまみ

下準備

・㋑は水洗いしてボウルに入れ、たっぷりの水（分量外）に半日つけおく（夏場は冷蔵庫に入れる）。
・小豆は水洗いしてボウルに入れ、たっぷりの沸騰した熱湯（分量外・豆の５倍量が目安）を注ぎ、ふたをして半日つけおく（豆皮がパーンと膨らんだらOK）。
・栗は皮をむいて（「栗むきハサミ」があるとラク《写真Ａ》）、色変わりしないよう水につけて、むき終わったらざるにあげて水切りする。

1 下準備をした㋑をざるにあげて水切りし、炊飯器に入れ、㋩の水と塩を加える。小豆も同様に水切りし、炊飯器に加え、豆を平らにならす。

2 むき栗を加え、白米モードで炊く。炊きあがったら《写真Ｂ》栗の実をくずさないように、しゃもじで大きく底から返してごはんをほぐし、お好みで黒ごまをかける。

A

B

まっちんアドバイス

もち米が出ないぐらいのヒタヒタの水加減で炊くと、べちゃべちゃになりません。材料を半量にしても作れます。
白米で炊く場合は、水加減を白米の２合目盛りにあわせる。

〈定番おやつ〉

芋ようかん

甘さをおさえ、芋の旨みをまるごと生かした
なめらかな口あたりの黄金ようかんです。

材料

（横9㎝×縦18㎝×高さ6㎝のパウンド型　1台分）

［芋ペースト］

さつま芋　400g

さとう　40g

水　大さじ1

下準備

・さつま芋は洗って、約1.5㎝の輪切りにし、皮をむいておく。

1　ふきんを蒸し器（上段）に敷き、ふたにもふきんをかませる。芋をふきんの上に並べ、中火で約15分蒸す（竹ぐしでさして、芯までやわらかくなっていればOK《写真A》）。

2　蒸しあがった芋を、熱いうちに少量ずつざるに入れ、木べらか手でつぶしながらこす《写真B》。

3　鍋にさとうと水を入れ、ごく弱火にかけ、さとうのザラザラがなくなるまで木べらで混ぜ溶かし、火を止める。２を加え、よく混ぜあわせる。

4　ボウルに水で濡らして固く絞ったふきんを敷き、３の芋を移す。さとうがムラなく混ざるように、ふきんの上からぎゅぎゅと手でもみ込み、全体がなじんだら、ひとまとめにする。

5　４の芋ペーストを、型に詰め、ゴムべらなどで平らにならす《写真C》。ラップをして冷蔵庫で１時間以上冷やして固める。型から出し、好みの大きさに切り分ける。

まっちゃんアドバイス

芋の蒸し加減に注意しましょう（「少し固いかな」と思うくらいでOK）。型を使わず、好みの大きさに等分し、１個ずつまるめて茶巾絞りをすれば「芋きんとん」のできあがり。芋のペーストを使って「芋おはぎ」（P82）も作れます。

A

B

C

（定番おやつ）

栗きんとん

自家製だから甘さひかえめ、栗本来の味をたっぷり楽しめます。

材料

（直径約4㎝サイズ15個分）

［栗ペースト］

生栗　500g

さとう　30g

＊むいた栗の重量の15%量が目安

水　大さじ1

下準備

・栗は皮付きのまま、たっぷりの水に半日つけておく。

1 鍋に栗を入れ、たっぷりの水（分量外）を注ぎ、強火にかける。沸騰したら中火に落とし、ことこと煮る（目安は30～40分）。1粒とり出して包丁で切ってみて、栗の芯までやわらかくなっていたらざるにあげる。

2 粗熱がとれた栗を包丁で半分に切り、スプーンで実をかき出し、ボウルに入れる。

3 2の栗の実をフードプロセッサーにかけ、ざるでこしてなめらかにする。

＊手作業でこす場合は、栗が熱いうちに少量ずつざるに入れ、木べらや手でつぶしながらこす《写真A》。こした栗の重量を計量して、重量の15%量のさとうを用意（例：こした栗200g→さとう30g）。

4 鍋にさとうと水を入れる。ごく弱火にかけ、さとうのザラザラがなくなるまで混ぜ溶かして火を止め、3を加え、よく混ぜあわせる。

5 ボウルに水で濡らして固く絞ったふきんを敷き、4の栗を移す《写真B》。さとうがむらなく混ざるように、ふきんの上からぎゅぎゅと手でもみ込み、全体がなじんだら、ひとまとめにする《写真C》。

6 5の栗ペーストをピンポン玉よりやや小さめに丸める。水で濡らして固く絞ったふきんにのっけて、茶巾絞りする。

＊仕上げで底を手のはらで平らにするときれい《写真D》。

＊栗ペーストを使って、「栗おはぎ」（P83）も作れる。

A

C

B

D

大きな手で、小さな手で。こねたり丸めたり。からだが記憶する、おやつの時間。

（ごはんおやつ）

玄米おはぎ

炊いた玄米ごはんをつくだけ。もっちりおいしい、クイックおはぎ。

材料（約16個分）

［玄米おはぎの生地］

㋑ 玄米 80g
もち米 50g
黒米 20g
水 320ml
塩 ひとつまみ
＊米類は全部で150gになれば、玄米だけ、もち米だけでもOK。

㋺ 粒あん 好きな量（8個分160gが目安）

㋩ きな粉 50g
さとう 50g
塩 ひとつまみ
＊あんは自家製（P34）、市販品どちらでも

下準備

・㋑の3種の米は水洗いし、ざるにあげて水を切る。炊飯器の釜に移し、分量の水と塩を入れて、半日つけおきする（夏場は冷蔵庫に入れる）。
・水加減は、玄米炊きの目盛りで1合よりやや少なめが目安。玄米だけの場合は、玄米炊きの目盛りで1合、もち米だけの場合は、白米炊きモードの目盛りで1合にあわせる。

1 炊飯器に釜をセットし、玄米モードで炊く。
＊圧力釜で炊くと、いっそうもちもちに炊きあがる。

2 水で濡らして絞ったふきんをボウルの上に敷き、炊きあがった玄米ごはんを移し、粗熱をとる《写真A》。ふきんの上から、手で「ぺたんぺたん」ともちをつくようにもみ込む《写真B》。粘りが出てきたら、ひとまとめにする（やけどをしないように注意）。

3 手のひらに軽く水をつけ、2をピンポン玉くらいに丸め、もち玉を作り、バットに並べる《写真C》。

4 《粒あんおはぎの場合》水で湿らし絞ったふきんを片手に広げ、スプーンで粒あんをのせて広げ、3のもち玉をのせて包み込む《図あ》。手のひらで丸めて、形を整える。

《きな粉おはぎの場合》㋩はよく混ぜあわせ、もち玉にきな粉をたっぷりまぶす。

A おはぎの生地

B

C 丸めてもち玉に

まっちんアドバイス

目指すは田舎のおばあちゃんが作るおはぎ。笑顔で作るのがおいしさの秘訣です。玄米のみでもしっかりもみ込むと、「あっさり玄米おはぎ」に、もち米のみだと「もちもちおはぎ」になります。おいしい玄米が炊けたら、残りごはんでも作れます。

① 手のひらにふきんをのせ
あんこをのせる。
② あんこの真ん中にもち玉をのせて
指で押し込みながら
あんを広げて包む

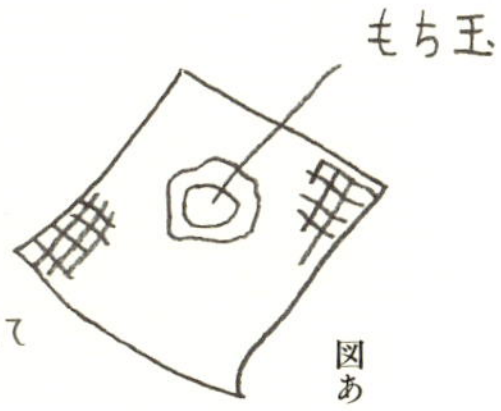

図あ

（アレンジおはぎ）

芋おはぎ

芋あんをくるんだほっくりおはぎ。
おもてなし風に。

材料

（約8個分）

おはぎの生地（P78） 8個分

芋ペースト（P74）

160g目安（20g×8個）

下準備

・おはぎの生地はピンポン玉よりやや小さめに丸め、もち玉を作っておく。

・芋ペーストは、「芋ようかん」（P74）と同様にして作る（芋ペーストを多めに作って保存しておくと便利）。

1 水で濡らして固く絞ったふきんを片手に広げ、芋ペーストを手でちぎってのせて広げる。芋ペーストの上に、おはぎのもち玉をのせ、軽く押し込むようにして、芋で包み込む。

2 手のひらで丸めて、形を整える。

まっちんアドバイス

アレンジおはぎのあんの包み方は、P81の《図あ》を参照してください。

栗おはぎ

**作り置きの栗ペーストを賢く使えば
アッという間に完成！**

材料（約8個分）

おはぎの生地（P78）　8個分
栗ペースト（P76）
160g目安（20g×8個）

下準備

- おはぎの生地はピンポン玉よりやや小さめに丸め、もち玉を作っておく。
- 栗ペーストは「栗きんとん」（P76）と同様にして作る（栗ペーストを多めに作って保存しておくと便利）。

1　水で濡らして固く絞ったふきんを片手に広げ、栗ペーストを手でちぎってのせて広げる。平らにした栗ペーストの上に、おはぎのもち玉をのせ、軽く押し込むようにして、栗で包み込む。

2　手のひらで丸めて、形を整える。

（定番おやつ）

黒糖ぜんざい

くずでとろみをつけ、甘さをひかえた
コクのある〝即席〟ぜんざい。

材料
（2人分）

㋑ 粒あん　150g
黒糖　30g
㋺ くず粉　4g
水　150mℓ
㋩ 豆腐白玉だんご（P46）　6〜8個
㋥ 塩　ひとつまみ

＊あんは自家製（P34）、市販品どちらでも

下準備

・㋺はボウルに入れ、しっかり溶かしておく。
・黒糖は粒があるのでざるでふるっておく。
・「豆腐白玉だんご」を作っておく。

1 鍋に㋑を入れ、㋺を茶こしでこし入れる。

2 1に豆腐白玉だんごを加え、中弱火にかける。木べらで混ぜながら全体が温まったら弱火に落とし、さらに約1分加熱する。火を止める直前に塩を入れる。

まっちゃんアドバイス

豆腐白玉だんごの代わりに、焼いたおもちや、粗く刻んだ干し柿、干し芋を入れてもおいしいです。

冬場はストーブでゆっくり作るのも楽しい

（アレンジぜんざい）

しょうが豆乳ぜんざい

しょうががぴりっと効いて
体の芯から温まる〝冷えとり〟ぜんざい。

材料

（2人分）

㋑ 粒あん　150g
豆乳　100㎖
しょうがの絞り汁
大さじ1・1/2
さとう　15g
㋺ くず粉　4g
水　50㎖
㋩ 豆腐白玉だんご（P46）　6〜8個分
㋥ 塩　ひとつまみ

＊あんは自家製（P34）、市販品どちらでも

下準備

・㋺はボウルに入れ、しっかり溶かしておく。
・「豆腐白玉だんご」を作っておく。

「黒糖ぜんざい」（P84）と同様にして作る。味をみて、甘みが足りなければ黒糖を加えてもよい。

まっちんアドバイス

混ぜながら粗熱をとり、夏場は冷蔵庫で冷やして食べてもおいしいです。

コーヒーぜんざい

「しょうが豆乳ぜんざい」の豆乳100㎖・しょうがの絞り汁大さじ1と1/2の代わりに、コーヒー150㎖を加えて作る。

抹茶ぜんざい

「しょうが豆乳ぜんざい」の豆乳100㎖・しょうがの絞り汁大さじ1と1/2の代わりに、抹茶小さじ1と1/2を水150㎖で溶いたものを加えて作る。

（コラム③）
おやつのおすそわけ

お客さんへのおみやげにしたり、
ちょっとしたプレゼントにしたり。
手作りしたおやつを、
簡単にラッピングするアイデアです。
おやつの時間に、
楽しく食べてもらえるように、
「ほんの気持ちです」の心持ちで
贈ってみてください。

簡単ラッピングのアイデア

箱に詰めて

形を崩したくないおやつは箱詰めがベスト。かわいい空き箱をリサイクルしても。栗きんとんは1個ずつ薄紙で包んで。一筆メッセージを添えると、なお喜ばれます。

紙で包んで

どら焼きは、折り紙で作った小袋に入れて《図あ》。竹籠のお弁当箱に詰め合わせ、その竹籠ごとプレゼントにすると気がきいてます。

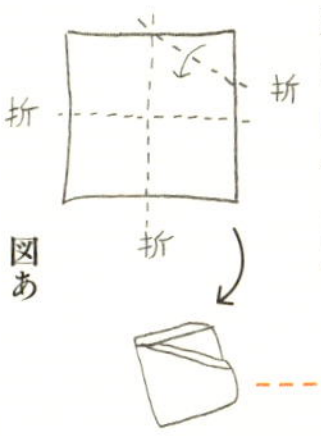

図あ

ビンを使って

そのままお土産にできるように、くずプリンは、ふたつきのビンを器にして作ります。蓋を和紙や折り紙などでカバーリングし、リネンの紐で結ぶと、さりげなくおしゃれ。

◎パッケージ素材の購入先：「折り紙」倉敷意匠計画室　http://www.classiky.co.jp　☎0866-42-9191

おいしい保存のコツ

よく使う食材、余ってしまったおやつを保存しておくと、おなかが空いたときに、すぐに用意できます。保存の仕方にはちょっとした注意事項があります。なにより保存したまま忘れないように！

＊冷凍の仕方、３つのポイント

①酸化を防ぐために、ラップでぴったり包むこと。

②保存袋の中の空気を抜いて封をすること。

③解凍は室温でゆっくり溶かして、自然解凍。

あんこの保存（冷凍）

あんこは「使う先」を想像して、使いやすい量に小分け。冷めてからラップに包む。ラップの包み方は、空気を抜きながら巻き、端をきゅっと結び、もう１枚上から包み、二重にする。さらに保存袋に入れて冷凍すると万全。自然解凍後は早めに食べて。

＊おいしく食べる保存の目安：約１〜２カ月。

ごはんものの保存（冷凍）

豆穀おこわや栗赤飯、おはぎのごはんは、炊きたてのうちに「すぐ食べる分」と「冷凍分」に分ける（ふだんご飯用は１膳分ずつ包むと便利）。あんこと同じ要領でラップに包み、冷凍で保存。半解凍で蒸し器で温めると、ほかほかでおいしい。

＊おいしく食べる保存の目安：約１〜２カ月。

豆類、粉類の保存（常温）

小豆などの豆類、くず粉やきな粉の使いかけは、密封性の高いビンに入れ、常温で保存。湿気たり、ほかの食品の匂いが移ってしまうと、風味を損なうので、使うたびに必ずきっちりふたを締めて。

＊おいしく食べる保存の目安：きな粉…約1カ月、そのほか…約半年（※半年以上たっても食べられますが風味よくいただける目安の期間です）。

そのほかの保存

半月もちの焼き生地や葉っぱは1枚1枚を平たいままラップに包む。焼き菓子も1個1個をラップに包む。いずれも二重ラップして保存袋入れ、冷凍。

＊おいしく食べる保存の目安：
半月もちの焼き生地、焼き菓子…約1カ月。
桜の葉・柏の葉…約1年。

おやつシロップの保存（冷蔵）

シロップは清潔なビンに入れ、粗熱がとれたら冷蔵庫で保存。冷蔵庫にビンものが多い人は、シロップ名と制作日を書いたラベルを貼っておくと、なお便利。

＊おいしく食べる保存の目安：黒糖しょうがシロップ・ほうじ茶シロップ…約1カ月、フルーツシロップ・レモンシロップ…約2週間。

ちんすこう生地の保存（冷凍）

ちんすこうの生地も冷凍で保存可（作るとき2倍量作って、生地を半分保存しておくと、1回分作る手間が省ける）。あんこと同じ要領でラップに包み、冷凍で保存。焼く前に半解凍して包丁で食べやすく切って成形、オーブンで焼く。

＊おいしく食べる保存の目安：約1～2カ月。

この本の材料について

できるだけ国産で誠実に作られたものを選べる、食材・製菓のネットショップがおすすめ。手に入れやすい中で「お財布にやさしい良質のもの」を選ぶご参考にしてください。

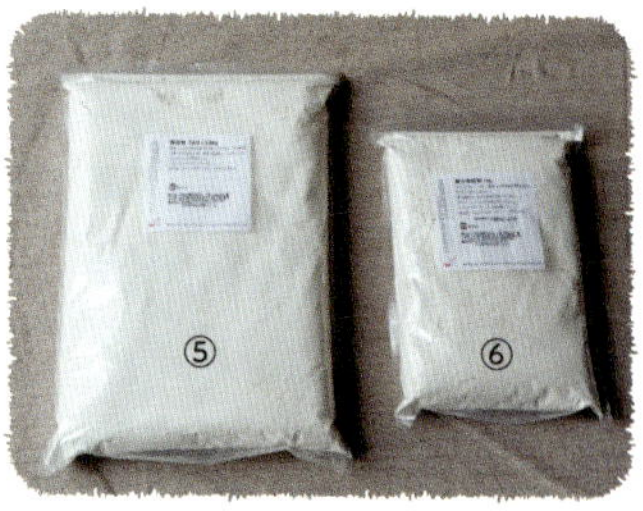

粉類

粉ものはメーカーによって水分量がさまざま。扱いやすくリピートできるものを使用。

①もち粉：良質のもち米が原料。伝統の製法で作られた粉で、もっちり感がよいもの。☞㋑㋩

②白玉粉：良質のもち米が原料。昔ながらの工程をふまえた粉で、きめ細かいもの。☞㋑㋺㋩

③くず粉：葛でんぷん100％の本くず粉、または葛でんぷんが6割、甘藷でんぷん4割くらいのもの。☞㋑㋺㋩

④わらびもち粉：良質の甘藷でんぷん粉9割に、本わらびもち粉が1割くらいの配合のもの。☞㋑㋺㋩

＊①～④の粉の特徴などは（P30）を参照。

⑤薄力粉：北海道産のお菓子用としては定番の小麦（ドルチェ）。しっとりした食感と小麦の味が楽しめる。☞㋑㋺㋩

⑥全粒粉：北海道産小麦を丸ごと挽いたもの。原料小麦は薄力粉のものを使用。☞㋑㋺㋩

⑦ベーキングパウダー：『ラムフォード』製、アルミニウム（みょうばん）不使用のもの。☞㋑㋺

豆穀類

粒に艶があり、傷みなどがない、きちんと品質管理されたもの。

⑧黒豆 ⑨小豆 ⑩大豆：丹波篠山産や北海道産など。乾物ですが新鮮なものを選んで。秋～冬は新豆をぜひ。☞㋑㋺㋩

さとう

伝統製法の茶色いさとう。自然な甘みのものを使用。

⑪粗糖（洗双糖）：種子島のサトウキビが原料。精製をしておらずミネラル豊富。☞㋑㋺㋩

⑫黒糖（粉状）：沖縄のサトウキビが原料。コクのあるピュアな黒砂糖。☞㋑㋺㋩

⑱ ⑰

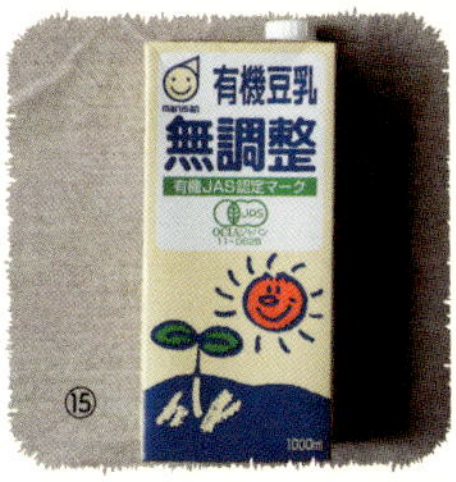

⑮

⑫ ⑪

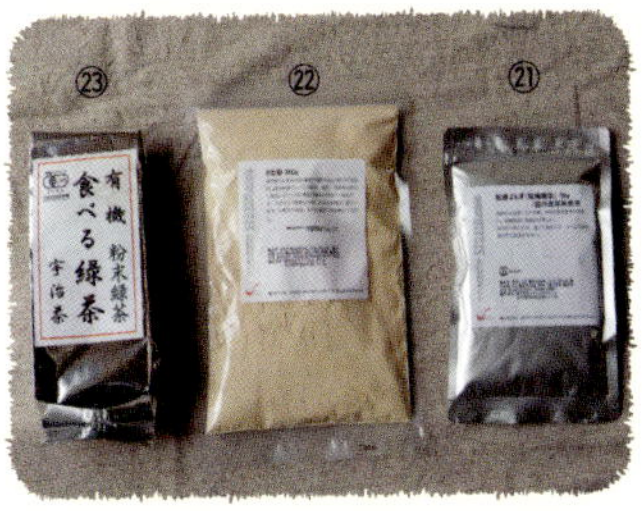

㉓ ㉒ ㉑

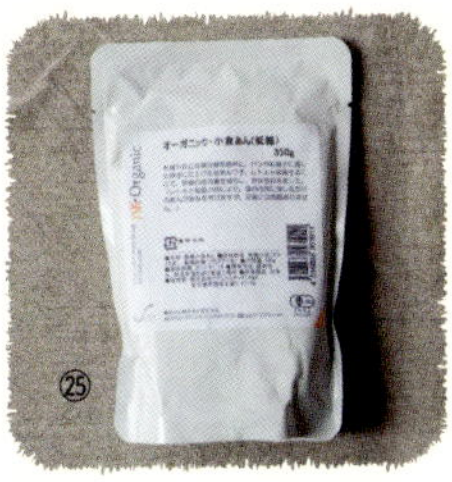
㉕

塩・油

自然素材と日本の昔ながらの製法で作られたもの。

⑬海塩：日本の海水100％で作られている海塩。粒がさらさらで、溶けやすいタイプが使いやすい。☞㋑㋺㋩

⑭米油：豆や穀物の自然なおいしさをなじむ。米油の老舗『油清』製がイチオシ。☞㊁

＊⑭米油の特徴などは（P30）。

乳製品・卵

身近なお店で、新鮮で良質なものを求めて。

⑮牛乳・豆乳：牛乳は低温殺菌のもの。豆乳は無調整のもので、豆の臭みが少ない『マルサン』製がおすすめ。

⑯卵：新鮮な卵。平飼いの有精卵を使うと膨らみがよい。

アクセント

自然の風味や香味よく加工され、保存料や着色料が入っていないもの。

⑰くるみ ⑱ひまわりの種：ローストしていない生のもの。できればオーガニック。☞㋑㋺㋩

⑲黒いりごま・練りごま：上質なごまを原料にしたもの。☞㋑㋺㋩

⑳ほうじ茶粉末：京都・宇治の茎茶をパウダーにしたもの。☞㋑

㉑よもぎ粉末：よもぎ特有の香味が高いもの。☞㋑㋺㋩

㉒きな粉：遺伝子組み換えをしていない、国産大豆100％のもの。☞㋑㋺㋩

㉓抹茶：粉末茶でもよい。有機栽培の宇治茶を粉末にした『播磨園製茶』製の「食べる緑茶」がおすすめ。☞㋺

㉔桜の葉・柏の葉：一枚一枚丁寧に塩漬けされたもの。桜の葉は大島桜の葉。☞㋩

市販のあんこ

保存料・添加物の入ってないもの。

㉕粒あん：甘さがひかえめで、やわらかタイプがおやつ作りの材料向き。☞㋑㋺㋩

問い合わせ先

それぞれ商品の末についた印（㋑～㊁）の店のサイトで購入することができます（2013年2月末現在）。お取り扱いの商品は変更になる可能性もあります。

㋑クオカ

http://www.cuoca.com/　☎0120-863639

㋺こだわり食材 572310.com（粉に砂糖ドットコム）

http://www.572310.com/　☎0120-572310

㋩富澤商店

http://www.tomizawa.co.jp/　☎042-776-6488

㊁油清

http://komeabura.com/　☎0594-22-4451

あとがきにかえて

「まっちん」の活動拠点は、岐阜県の岐阜市です。
平成22年に、ふるさとの三重県から移って、
お菓子の開発やプロデュースをして暮らしています。
日本の真ん中に位置するこの街には、
古きよき文化が各方面にたっぷり残っているのですが、
ボクがなにより胸躍った出会いは、「純喫茶文化」。
岐阜は昭和ノスタルジックな喫茶店の宝庫なんです。
その在り方のストーリーはまたの機会として、
散歩の先に喫茶があり、朝ごはん代わりに喫茶する、
この街の人々から、日常をなごやかにする
おやつ精神を教わり、そして支えられてきました。

もうひとつ、この本が恵まれていたのは
おやつ仲間がいたこと（呼び名は「チームまっちん」）。

暑い日も寒い日も、何度となく集まって、
試作のお菓子をぱくぱく頬ばりながら、みんな真剣に。
「これ、作り置きにいいね」とか、
「もうちょっと何かが入ると、もっとおいしそう」とか、
「ちいちゃく作ると子どもも食べやすいなあ」とか……。
リアルな台所事情の中で、楽しんで作る工夫や、
おいしく食べるアイデアを、たくさん授けてくれました。
「チームまっちん」のみんな、ほんとうにありがとう！

最後に、この本を手にとってくださったみなさまと
おやつを介してつながれたことに、深く感謝します。

だれかのために（自分のために）、おやつを作って食べて、
なごんだり、うれしかったり、ぬくもったり。
そんな風景のかたわらに、クタクタになったこの本が
寄り添っていたら、ほんとうに幸せです。

まっちん

町野仁英（まちの きみひで）

和菓子職人。愛称は「まっちん」。和菓子屋の家系の血筋をもって菓子作りを独学し、2004年、三重県伊賀で「和菓子工房まっちん」をはじめる。豆や穀物から作られるその素朴で誠実なおいしさから、甘いもの好きの有名無名の人たちが雑誌やウェブで紹介し、「まっちん」ファンが全国に広がる。2010年から活動拠点を岐阜市に移し、和菓子屋ツバメヤの立ちあげ、商品開発に携わる。2012年からは山本佐太郎商店と「大地のおやつ」を開発し、全国に発信している。商品開発や製造指導を手がける傍ら、職人として日々和菓子やおやつを探求中。

◎写真＝大沼ショージ
◎デザイン＝佐々木暁
◎スタイリング・調理協力＝門脇磨奈美、尾崎裕加
◎イラスト協力＝門脇和正
◎題字＝町野仁英
◎企画・編集＝おおいしれいこ
◎校正＝大谷尚子
◎進行＝中村亜紀子

◎Special Thanks
「チームまっちん」
岡田さや加、尾崎裕加・結月、門脇和正・磨奈美・葉、川合正恵、川瀬麻衣、本田慶一郎、山本慎一郎、渡辺真希（敬称略）

◎撮影協力
「円居」http://elephant-d.com/madoi.html

◎器協力
「本田」http://hondakeiichiro.com
漆芸／登根円

◎「まっちん」菓子の取り扱い
ツバメヤ　http://tsubame-ya.jp/
山本佐太郎商店　https://m-karintou.com
和菓子工房まっちん　https://mattin.jp/

まっちんのおやつ

みんなが好きなにっぽんの甘味

2013年3月21日第1版第1刷発行
2019年5月25日　第6刷発行

著　者＝町野仁英

発行所＝WAVE出版
〒102-0074 東京都千代田区九段南3-9-12
電話＝03-3261-3713
FAX＝03-3261-3823
振替＝00100-7-366376
info@wave-publishers.co.jp
http://www.wave-publishers.co.jp

印刷・製本＝中央精版印刷

NDC596 95P 26cm　ISBN978-4-87290-608-0